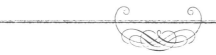

nunu's house IV

田中智のミニチュアセレクション

Message

私の作品を楽しみにしてくださっている方々、

ミニチュアに関わるたくさんの方々のおかげで

4冊目の作品集を作ることができました。

今回の作品集では、新しいツールを試したり

従来の作り方を変えたりしながら、

1/12という小さな世界で、今まで以上に難しいチャレンジをしました。

"見ただけで想像できる味"や、素材の繊細さなどを追求し、

どこまで本物に近づけることができるか、

そして、どこまで本物を超えて本物らしく見せることができるか、

何度も自分を追い込みながら、

ひとつひとつ時間をかけて制作しました。

私が精一杯表現した1/12の世界を

できるだけ近くに寄って、拡大して見てほしくて

撮影のときに、ぎりぎりまで近づいて撮影してもらいました。

なかには、原寸の12倍以上に拡大して掲載したものもあり、

結果、現実の大きさを超えてしまった、なんていうミニチュアもあります。

ぜひ、ゆったりとコーヒーでも飲みながら

原寸と比較して、"リアルな世界"を楽しんでください。

Tono Tanaka

Contents

Chapter 1

こだわりの
ミニチュアセレクション

Chapter 2

アイスクリームショップと
スイーツ

Chapter 3

キッチン & テーブルウェア

Chapter 4

How to make

Chapter 5

人気のメニュー

※原寸大写真について
写真の角度によっては掲載しているサイズと異なって見える場合がありますが、サイズは実物の作品を計測して記載しています。

Chapter 1

こだわりの
ミニチュアセレクション
Various ingredients and dishes

ただ1/12サイズに作る、というだけでなく、

そこに本物らしい表情をつける—— それが私のミニチュア制作のこだわりです。

小さく作った作品をあえて拡大して掲載しました。

ミニチュアということを忘れて楽しんでいただけたら嬉しいです。

ハンバーガーと
サイドメニュー
Hamburgers and side dishes

ハンバーガーは過去に何度か作っていますが、時代とともにこ
だわりのお店やメニューのバリエーションも増え、そのたびに
作品の表現も変わってきました。今回は大好きなハンバーガー
ショップの具材を参考にしています。

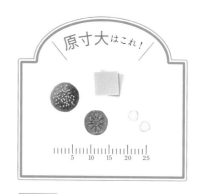

原寸大 はこれ！

5 10 15 20 25

▐ Size

バンズ　直径 8mm
トマト　直径 7mm
チーズ　6.5mm×6.5mm

ハンバーガーの材料やつけ合わせを並べてフレームにまとめ
てみました。パーツをケースに入れて飾ってもいいですね。
フレーム　縦 60mm ×横 45mm

ハンバーガーとサイドメニュー
Hamburgers and side dishes

Avocado Cheeseburger
アボカドをはさむことで高さが出るので、全体的なバランスに
違和感がないよう、微調整したのがポイントです。

Tomato Cheeseburger
トマトの質感、レタスのフリル感、
ハンバーグのジューシーさを意識して作りました。

French Fries
直線ではなく曲線になるよ
う個体差を出し、塩が振ら
れた様子も表現しています。

Onion Rings
おしゃれなハンバーガー
ショップで見かけるオニオ
ンリングを、ミニチュアのメ
ニューに加えてみました。

Fish Burger
個人的に好きなフィッシュバーガー。フライのカラッと
揚がった様子やタルタルソースの質感にこだわりました。

原寸大はこれ！

Soft Drinks
パッションフルーツティー
（左）とタピオカミルク
ティー。タピオカドリンク
は今では有名な飲みもの
ですよね。

Size

フィッシュバーガー　直径 8mm×高さ 8mm
アボカドチーズバーガー　直径 8mm×高さ 9mm
ドリンクの容器　直径 8.5mm×高さ 10mm

パスタ3種類
3 types of spaghetti

たくさんのレシピや種類のあるパスタ。その中でも好きな
なすのトマトソース、ジェノベーゼ、明太子を選んで作りま
した。揚げなすのトロトロ感や明太子のつぶつぶ感、えび
のぷりぷり感を楽しんでもらいたいです。

原寸大はこれ！

```
|||||||||||||||||||||||||||||||||||
    5   10   15   20   25
```

Size　　お皿　直径18㎜

パスタセット
Various pasta

パスタを中心に、料理をイメージした作品の数々です。
ピザは作り方を紹介しましたので（P56〜）
ぜひ作ってみてください。

上／スパゲティから時計回りに、ファルファッレ、マカロニ、ペンネ、ロテッレ（ハート）、フジッリ、コンキリエ、ロテッレ（ナチュラル）。右／容器に入ると魅力が増す食材のパスタを選び制作しました。名称がわからず調べて初めて知ったパスタもたくさんあります。これを機にいろいろな種類を食べてみようと思います！

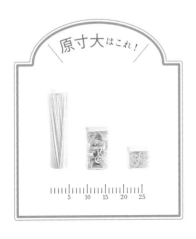

原寸大はこれ！

┃ Size

容器（大）　直径 6.5mm×高さ 21mm

容器（中）　幅 6.5mm×奥行き 6.5mm×高さ 11mm

容器（小）　幅 6.5mm×奥行き 6.5mm×高さ 5.5mm

缶詰セット
Canned foods

工業製品のカチッとしたフォルムや金属感を出せるように
工夫をした作品です。中身は輸入食品から、雰囲気に合う
ものを題材にセレクトしました。さば、オリーブ、トマト、
たこ、オイルサーディン、ツナなどです。

缶詰を作るために、実際に購入して缶の作りを観察しました。パッケージも参考にしています。

原寸大はこれ！

Size

トマトの缶詰　直径 6mm×高さ 6mm
オリーブの缶詰　直径 6mm×高さ 4mm
さばの缶詰　直径 6.5mm×高さ 3.5mm

缶はプラ板を素材に、ヒートプレスで制作しています。
アルミや鉄の素材感を表現するには、色がポイントとなります。

バルのメニュー
Bar foods

バルといえばこれ、というメニューを作ってみました。ローストビーフやハム、ソーセージなどの質感を表現することにこだわり、一時はお肉関係のものばかり作っていました。どうぞ、近くに寄って見てください。

ローストビーフ
Roast beef

ブロックのお肉をスライスしている光景は迫力があり、ミニチュアとしても作りたい題材のひとつでした。断面の質感の表現に試行錯誤しました。ビーフの表面のこしょうは最初納得がいかずリアリティを求めて作り直しました。

ローストビーフを好きという方は多いのではないでしょうか。レアな赤身とローストした部分の境目の表現が難しかったです。

原寸大はこれ!

5　10　15　20　25

Size　プレート　直径 22mm

17

生ハムの原木

Prosciutto

本当にスライスすると生ハムになる「原木」を再現しようと思い作った作品です。技術的にもいろいろな方法を試しました。粘土の加工法でも新しいことにチャレンジするなど、たくさんの収穫があった題材でした。

生ハムの代名詞であり、ロマンがあるので、ミニチュアにしてみたいと思っていました。ただ、実物をあまり見る機会がないので、資料集めが大変でした。

原寸大はこれ！

5 10 15 20 25

Size

生ハムの原木　長さ30mm

ハムの盛り合わせ
Assorted ham

ハムやサラミ、生ハムは好きな食べ物なので、ミニチュアで再現したかったもののひとつ。生ハムの薄さの表現に苦労しましたが、なんとか形になってよかったです。撮影中、生ハムをメロンにのせるのはアリかナシか、で議論になりました。

原寸大はこれ！

5　10　15　20　25

Size

プレート　幅30mm

生ハムは、実際に塊を作ってからスライスしました。ハムの透け感を出したかったのですが、カッターで同じ薄さに切ることは私には難しく、ミニカンナでスライスしました。

ソーセージ盛り合わせ
Assorted sausages

ソーセージは食べ物の中でも大好きなもののうちのひとつなので、皮の質感や焼き色の表現など、見ただけで食べたときの想像が広がるよう、時間をかけて作りました。練り込まれたハーブの様子などもぜひチェックしてください。

原寸大はこれ！

5　10　15　20　25

Size

木のプレート　幅 27mm×奥行き 12mm

マスタードやレモンなど、添えられた脇役にも力を入れました。

サラダ
Salad

食卓の彩りとして欠かせないサラダ。トマトやブロッコリーなど、鮮やかな色合いと雰囲気で作りました。プチトマトの種が入っている表現は難しいのですが、作品の繊細さを演出するのに必要なものなので工夫しました。

原寸大 はこれ！

5　10　15　20　25

Size

お皿　幅 25.5mm×奥行き 12mm

ブロッコリーの花蕾の表現にもこだわりました。紫キャベツは作り方を紹介しています（P53～）。

チーズ盛り合わせ
Cheese platter

シンプルな題材ですが微妙な色の作り方、スモーク感や透け感などの表現がポイントでした。切り方によっても表情が変わるのでバランスが大切だと感じました。ブルーチーズやチェダーチーズ、ゴーダチーズなど6種類のチーズと、クラッカー、パン、オリーブオイルを並べています。

原寸大 はこれ！

5　10　15　20　25

■ Size

プレート　幅33mm×奥行き16mm

ワインとグラス
Wine and glasses

バルの雰囲気を演出するために大切なワイン。美しいフォルムを再現するのはとても気を使う作業です。食べ物の作品と合わせるとより際立つので、丁寧に作りました。グラスは今持っている加工の技術を駆使して形にしました。

グラスを1/12サイズで再現するため、これまでも素材や作り方をいろいろ考え、試してきました。グラスは今後の課題でもあります。

原寸大はこれ！

5　10　15　20　25

Size

ワインボトル（左）　直径 7mm×高さ 23mm
ワイングラス（左）　直径 8mm×高さ 15mm

Chapter 2

アイスクリームショップと スイーツ

Ice cream shop and sweets

この本のために作った新作アイスクリームショップとスイーツを紹介します。
ハウスの制作はとても時間のかかる作業ですが、
設計から始まり、木材の組み立てや照明の配線、小物作りとディスプレイなど
要素がたくさんあるので達成感があります。

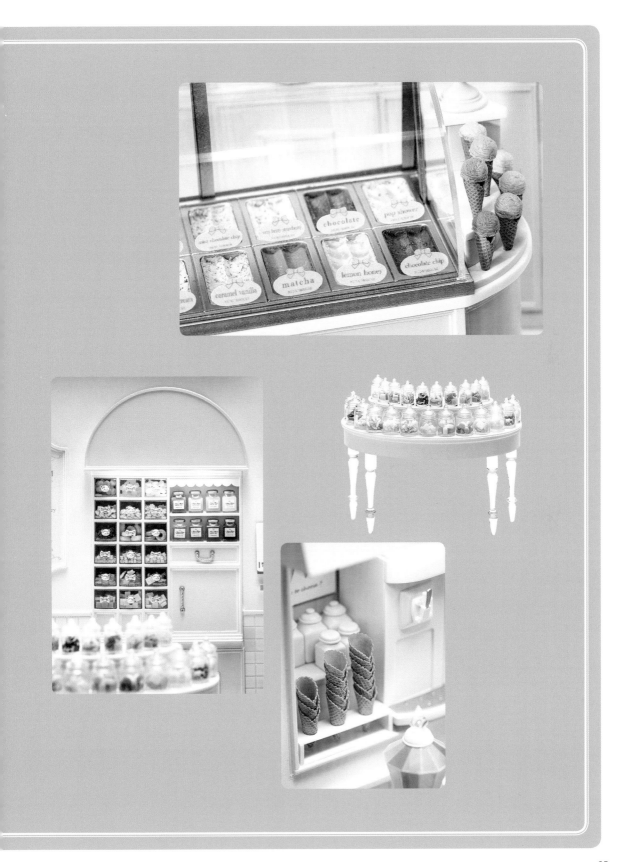

アイスクリームショップ
Ice cream shop

Size
幅 475mm×奥行き 165mm×高さ 300mm

1980年代のアメリカのアイスクリームショップをイメージし、淡いトーンで作りました。かわいいだけでなく、レトロな雰囲気も意識しました。ショーケースをのぞいてアイスの種類を選んでいるような気持ちで見ていただきたいです。

左の壁にはソフトクリームマシーンとコーンをセッティング。ショーケースの左右に飾られているのはアイスクリームの食品サンプル。

店内右奥は撮影コーナー。購入したアイスクリームをここで撮影することができる設定です。

壁面の仕掛け

右壁にはデジタルサイネージ（電子看板）を設置しました。スマートフォンを置いて動画を流せるように設計しています。使用しないときはシャッターを下ろすこともできます（写真右）。

アイスクリームショップ
Ice cream shop

.vanilla
.cafe mocha
.orange sherbet
.very berry strawberry
.chocolate
.pop shower
.muskmelon
.banana strawberry
.cookies and cream

アイスクリームのショーケース。14種類のフレーバー
アイスを並べました。このお店ではチョコレートコー
ティングされたコーン（ショーケース上）も選べます。

上／正面の壁面にはお皿やポット、アイスクリーム
にかけるシロップなどを並べました。右／アイスク
リームのショーケースは戸がスライドして開く作り。
ここから店員さんがアイスクリームをすくいます。

引き出しにはトッピング用のキャンディー
やチョコレート、ハチミツなどを入れまし
た。

上／ディスプレイテーブルの上にもトッピング用の
キャンディーを並べました。右／このハウスは、
以前観たミュージカルの舞台を意識して作りまし
た。看板はもちろん、シェルフやソフトクリーム
マシーンの上にも照明をつけ、雰囲気作りをして
います。スツール（右下）はアイスクリームをイメー
ジしたデザイン。

原寸大はこれ！

Size

撮影コーナーに置かれた食品サンプル　高さ15mm

ICE CREAM
♡ NUNU'S HOUSE

いちごのホールケーキ
A whole strawberry cake

いちごと生クリームのシンプルなケーキは、誰もが一度は
目にしたことがあるのではないでしょうか。だからこそ、見
てくださる方に納得していただけるよう、丁寧に作りました。
色やスポンジケーキの質感を大事にしています。

Size

ホールケーキ　直径 18mm×高さ 6mm
ケーキのピースがのったお皿　直径 19mm

原寸大 はこれ！

動物アイシングクッキー
Icing cookies

動物のアイシングクッキーを、プチケーキのデコレーション
にしてみました。動物の子どもたちが幼稚園に向かう様子
をイメージ。動物は目、鼻、口のバランスが難しかったの
ですが、かわいさに癒やされながら作ることができました。

▌Size

クマのアイシングクッキー　縦4mm×横5mm
プチケーキ（大）　縦5.5mm×横5.5mm×高さ6mm

原寸大はこれ！

アイシングクッキーだけたく
さん作って並べてもかわい
いですが、ケーキのデコレー
ションに使うと華やかに。
パステルの色調にまとめると
かわいさアップです。

型を利用したミニチュア制作の流れ

私が粘土で作るミニチュアは原型を作って型を取り、そこに粘土を入れて形作るのが基本です。
型を作っておくと同じものを量産できるので便利ですし、作品のクオリティを格段にアップさせてくれます。
制作の流れがわかればいろいろなアイテムに応用できますので、ぜひトライしてみてください。

動物アイシングクッキーができるまでの流れをご紹介します。Step1できちんと原型を作ることができれば、同じものをいくつも複製することができます。本物をよく観察して、着色にも気を配ってくださいね。型についてはP60を参照してください。

Step 1
原型を作る

Step 2
型を作る

Step 3
着色した粘土を
型に入れてはずす

Step 4
クッキーの色をつける

Step 5
粘土や絵の具などで
アイシングの表現をする

Chapter 3

キッチン & テーブルウェア

Kitchenware and tableware

ここで紹介するのは、3Dプリンターを使って出力した作品たちです。

私にとって新しい挑戦となりました。

試作段階ですので課題はたくさんありますが、

これまでに培ってきた技法に助けられ、完成させることができました。

カフェオレボウル
Café au lait bowls

実は今まで一度もカフェオレボウルを使ったことはないのですが、フォルムがかわいく、ディスプレイしたくなるアイテムでしたので、作ってみました。色はパステル調にして、かわいらしさを強調しました。

原寸大はこれ！

5　10　15　20　25

■ Size

カフェオレボウル（大）　直径 11mm×高さ 7mm
カフェオレボウル（小）　直径 10mm×高さ 6mm

ティーポットとカップ＆ソーサー
Teapot, cups and saucers

今まではアクリル棒を削り出して作っていたポットや器を、今回初めて3Dプリンターで出力してみました。ただ、まだまだ1/12サイズできれいに仕上げるには手作業も多く、効率的ではありません。それでも今後期待が持てるツールです。

原寸大はこれ！

5 10 15 20 25

■ Size

マグカップ　直径8mm×高さ7mm
ティーカップ　直径9mm×高さ5mm
ソーサー　直径14mm
プレート（中）　直径22mm

左／大きさ違いのプレートと蓋つきマグカップ。カップの彫りがアクセントです。下／3Dプリンターで出力したあとの処理や塗装は、これまで身につけた技術が役に立ちました。

鍋とお皿とカトラリー
Pots, plates and cutlery

ミニチュアをコーディネートしたり、料理を際立たせたりするため、精巧な鍋がほしいと思い、3Dプリンター用のデータ作りから始めました。表面の処理や塗装の技術が必要ですが、新しいことを始めるのはとても楽しいですね。

Size

フォーク　長さ18mm
両手鍋（ブラウン）　直径20mm×高さ10mm
片手鍋（グレー）　直径17mm×高さ9mm

原寸大はこれ！

3Dプリンターでは、単純に実物の鍋を1/12サイズに縮小すればいいということではないとわかり、試行錯誤のうえ、完成したのがこれらの作品です。

カトラリーはこれまで1本1本作ってみたり、より美しいフォルムにするためにいろいろなアプローチでチャレンジしたりしてきましたが、今回3Dプリンターを導入したことで、どこまでできるか検証するために作ってみました。

同じシリーズで片手鍋も作ってみました。
鍋はすべて蓋が開けられます。

鋳物ホーロー鍋の質感が出るよう、塗装にも工夫を凝らしました。
どんなアイテムでもそうですが、色は作品の決め手となります。

ユニークなミニチュアたち

依頼されたアイテムや、リアリティを求めて作るミニチュアがある一方で、
かわいらしいものやおもしろいと思うもの、純粋に作りたいものを題材に選ぶことがあります。

（ケース　幅59mm×奥行き31mm×高さ45mm）

フェミニン雑貨

幼い女の子の部屋のインテリア
用に雑貨屋さんで買った置物
やおもちゃをモチーフにした作
品。淡い色合いがポイントです。

人気アニメの主人公が
魔法をかけるときに使う
マジカルスティック。5
色のテーマカラーがあり
ます。

少しレトロな、昔なが
らの金庫。扉は開閉
できます。

金庫と鍵

金庫の鍵につけたのは、どこかで見たこ
とのあるキーホルダー。ちゃんと元の場
所に返さないとダメですよ！というディス
プレイにしました。

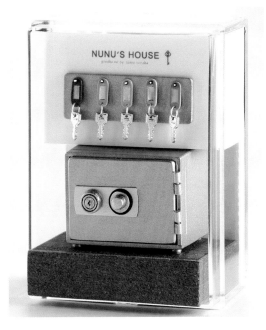

原寸大はこれ！

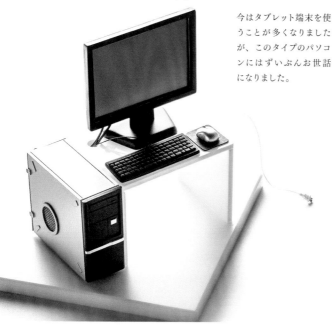

今はタブレット端末を使うことが多くなりましたが、このタイプのパソコンにはずいぶんお世話になりました。

デスクトップパソコン

少し古いモデルのパソコンの裏側を作りたくて再現しました。ゲームで遊んでいたころ、自作パソコンを組み立てるため、よく分解していたのを思い出しました。

（モニター 縦30mm×横40mm,

マウス 縦9mm×横7mm）

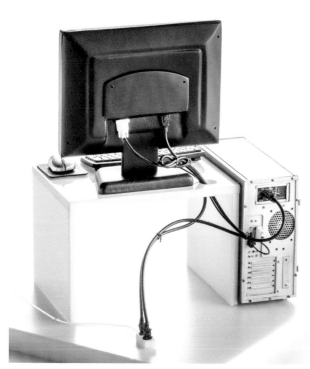

作りたかった、パソコン本体の裏側。
古いモデルをわかる人が見ると「こうだった！」と笑ってもらえます。

原寸大はこれ！

5	10	15	20	25

Chapter 4

How to make

ナンとカレー 2 種セット
デリバリー風ピザ

食べ物のミニチュアがおいしそうに、本物らしく見えるのは
質感と色合いによるところが大きいと思います。
ここでは、丁寧に造形、着色する方法を、段階的に紹介します。
写真を追うだけでも、スライドショーのように楽しんでいただけると思います。

ミニチュア作りに使うおもな用具と素材

これから紹介するナンとカレー、ピザを作るために必要な用具と素材を紹介します。
手に入りやすいものを利用していますが、使用説明書を読んで理解してから作業してください。
また、作業中は換気を忘れずに。

用具

切る

はさみ・細工用カッター・カッターの替え刃

先の細いはさみとペン型カッターを用意しましょう。替え刃はピザを切るときに使用します。

定規

寸法を測ったり線を引いたり、素材を切るときのガイドにしたり、いろいろな場面で登場します。L字型の直角定規もあるとより便利です。

カッターマット

カッターを使うときは必ずマットを敷いて使います。目盛りのあるタイプが便利です。

塗る

筆

絵の具やニスを塗るときに使います。小さい面に塗るので、細いものがよいでしょう。塗るものによって使い分けます。

ペーパーパレット

絵の具やニス、接着剤などをこの上に出して作業することができ、便利です。

貼る

木工用接着剤

木や紙などを貼ることのできる接着剤。乾くと透明になります。水で溶いて使うこともできます。

流し込み用接着剤

接着面に流し込んで接着させるタイプ。プラモデル用のものを利用しています。

整える

両面テープ

型取りした粘土を成形するときや着色するとき、板や爪楊枝などに両面テープで貼って作業すると固定されて便利です。

ピンセット

細かいパーツを貼ったり、ディスプレイしたりするときに使います。対象物を傷つけにくい、プラスチック製のものもあると便利です。

爪楊枝

ミニチュアの型の原型を作るときや粘土の形を整えるときなどに使います。絵の具の色を混ぜたり接着剤と合わせたりするときも大活躍。

歯ブラシ

パンやスポンジの切り口など、粘土で作ったミニチュアの表面に表情をつけるときに使います。（P64参照）

まち針

粘土でミニチュアを作るとき、細かい筋やへこんだ様子を表現するのに便利。また、型から粘土をはずすときにも使います。

紙やすり

切り口を整えたり誤差を修正したりするときに使います。番号が小さいほど目が粗くなります。180〜2000番くらいを用意しましょう。

金やすり

グリップつきの金やすり。硬いものを削るときに使います。本書では黒檀を削ってこしょうを作っています。（P51参照）

おろし金

粗くおろしたいときは卓上で使うタイプのおろし金を使います。本書では着色した粘土を削ってひき肉にしています。（P51参照）

その他

円切りカッター

紙や板をまるく切ることのできるカッター。コンパスのように使います。半径のサイズを変えられるのでいろいろな大きさの円が作れます。

シャープペンシル

スケッチをしたり下書きをしたりするだけでなく、粘土などをくりぬく道具としても使えます。

伸ばし棒

粘土を伸ばすときに使います。ごく薄く伸ばしたいときは細い伸ばし棒や筆の柄を使うとよいでしょう。

ペンチ

プラスチック板を切るときに使います。プラスチック板に筋を入れてからペンチで力を入れるときれいに切れます。（P45 参照）

ブロワー

ミニチュアを作るとき余分なものを吹き落としたり、指では取れないような埃を取ったりするのに、あると便利です。

ビニール手袋

型取り用のシリコンゴムをこねるときは、ビニール手袋をつけて作業してください。※本書ではわかりやすいよう素手で撮影しています。

クラフトテープ

つるつるした表面は粘土を伸ばす台に適しています。粘着面同士を合わせれば即席伸ばし台ができます。

UV-LEDライト

紫外線硬化樹脂液を硬化させる照射器。カレーを作るときに使います。

素 材

材料や型、土台になる

MDF板、黒檀

材料としてはもちろん、粘土を成形したり着色したりするときの台としても利用しています。本書では黒檀でこしょうを作ります。（P51 参照）

樹脂粘土

樹脂粘土はきめが細かく、薄く伸ばすことができるので、ミニチュア作りに最適な素材です。食べ物を作るときに利用します。

紫外線硬化樹脂液（レジン）

UVライトやLEDライトを照射すると硬化する樹脂液。カレーを作るときに使います。（P51 参照）

プラスチック板

お皿の素材として（0.3mm 厚、0.5mm 厚）、型として（1mm 厚、1.5mm 厚）、厚さの異なるプラスチック板を利用しています。

アクリル棒

お皿の型として直径 7mm のアクリル棒を利用しています。

型取り用シリコンゴム

型になる材料。硬化する時間が短いタイプがミニチュアには向いています。説明書をよく読んで使ってください。

石膏

造形や型取りなどに使う石膏。本書ではナンやピザ生地の質感を表現するために利用しています。（P48、57 参照）

着色する・仕上げる

絵の具

ミニチュアの着色にはおもに水彩絵の具を使っています。写真のような基本の色があれば、ほとんどの色を表現することができます。

水性アクリル樹脂塗料、合成樹脂塗料

透明感を出したいとき、マット調（つや消し）に仕上げたいときなど、目的によって使い分けましょう。

下地塗料

塗装前の下地として塗ります。サーフェイサーと呼ばれるものです。本書では、お皿を塗装するときに使います。（P46 参照）

仕上げ用コート剤

スプレータイプのコート剤。ミニチュア作りでは、ペーパーパレットにスプレーし、筆につけて使います。

ナンとカレー2種セット

インドカレー屋さんで食べたナンとカレーがおいしくてミニチュアで再現したくなりました。サラダは「どこにでもあるサラダ」をイメージしています。まずはお皿から作っていきましょう。

原寸大はこれ!

お皿を作る

Size

大皿　直径 26mm
小皿　直径 7mm×高さ 3mm

型を作る

1
ミニチュアを作り始めるときはイメージと大きさを決める必要があるので必ず作りたい大きさでスケッチする。

2
大皿の型を作る。大皿の大きさが直径26mmなので、円切りカッターで半径の13mmを測る。

3
1mm厚のプラスチック板(以下、プラ板)に円切りカッターで円形に筋をつける。

4
1.5mm厚のプラ板にも同じように円形に筋をつける。

5
円形にカットするため、まずプラ板の余分なところをカットする。定規をガイドに、カッターで強めに切り込みを入れる。

6
手でしならせてプラ板を割る。

7
角の余分なところも定規をガイドにカッターで強めに切り込みを入れる。

8
面積の小さいところはペンチではさんで割る。

9
4つの角を落としたところ。

10
カッターでつけた筋をシャープペンシルなどでなぞるようにして線を描く。

11
きれいな円になるように、少しずつカッターで切っていく。1mm 厚と 1.5mm 厚、両方とも円にカットする。

12
板に 400 番の紙やすりを貼り、円にカットしたプラ板の側面を整えていく。

13
1000 番の紙やすりでなめらかになるように整える。1mm 厚と 1.5mm 厚の両方を整える。

14
1mm 厚と 1.5mm 厚の円を合わせ、間に流し込み用接着剤を入れて接着する。

15
貼り合わせたプラ板の厚み部分を 400 番の紙やすりで削り、1.5mm 厚の板を上にして側面に傾斜をつける。

16
プラ板の 1mm 厚のほうに両面テープを貼る。MDF 板を 4cm 四方くらいの大きさにカットする。

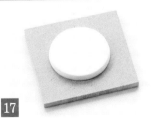

17
MDF 板の中央にプラ板を貼る。大皿の原型ができた。

18 カレー用小皿の原型を作る。直径 7mm の
アクリル棒のエッジを板に貼った紙やす
りで削る。180 番、400 番の順で整える。

19 1000 番の紙やすりで整えたあと、2000
番の紙やすりで磨くとなめらかになる。

20 小皿の型ができた。

型押しして整える

1 大皿は 0.5mm 厚、小皿 3 つは 0.3mm
厚のプラ板を使い、ヒートプレスで型押し
をする。※ヒートプレスの詳しい技法は
既刊『田中智のミニチュアコレクション』
P65 で紹介しています。

2 型押ししたプラ板の余分なところをはさみ
で切る。

3 ふち回りを丁寧に切り、形を整える。

4 400 番、1000 番の順に紙やすりを使って
大皿のふちを整えていく。

5 小皿 3 つも同様に整える。

塗装する

1 竹串の頭に両面テープを貼り、大皿の裏
側に押しつけるようにしてつける。

2 黒の下地塗料（サーフェイサー）を吹きつ
ける。このとき、大皿を回しながら全体に
スプレーするのがポイント。

3 何度かに分けて塗装する。手早さが大事。

4 下地の黒がムラなく塗れたところ。このま
ま乾かす。

5 下地の黒が乾いたらスプレータイプの塗料でシルバーを塗る。

6

小皿3つも同じように着色する。

ナンを作る

粘土を着色する

Size

幅15mm×長さ26mm

1 白、茶色、黄土色、こげ茶色の絵の具を用意する。

2 粘土に黄土色の絵の具をつける。絵の具は爪楊枝でつけるとよい。

3 絵の具が粘土に行き渡ってムラがなくなるまでこねる。

4 3の粘土に茶色とこげ茶色の絵の具を少量つけ、なじむまでこねる。

5 4の粘土に白の絵の具を少量つけ、こねる。

6 こねて着色ができたところ。これがナンのベースになる。

7 指で大まかにナンの形を作る。

板に固定し、成形する

1 板に両面テープを貼り、剥離紙をはがす。

2

ナンの形に整えた粘土を両面テープの上に貼る。

3

爪楊枝の頭を使って粘土に凹凸を作っていく。

4

ナンの形を観察しながら、中心が薄くなるよう、形を整えていく。

5

余分な粘土はピンセットで取る。

6

筆にごく少量の水をつけ、爪楊枝で削ったところにつけながら成形していく。

7

爪楊枝の先でつついてナンの形を作っていく。

8

凸凹したところを水をつけた筆でならし、なめらかにしていく。

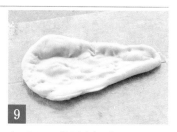

9

ナンのベースができたところ。

質感をつける

1

余った同じ色の粘土に水を加え、水溶き粘土を作る。クラフトテープのつるつるした面の上で行うと作業しやすい。

2

1を爪楊枝の先で取り、ナンにつけていく。これが焼いたときにできる気泡の表現になる。

3

ベースの造形ができたところ。

1

クラフトテープのつるつるした面に木工用接着剤と水と石膏を出す。

焼き色をつける

1

こげ茶色、黄土色、茶色、黒の絵の具を用意する。

5

粉の感じが残るくらいに石膏を加減しながら筆で混ぜる。

6

ナンの表面に、薄く塗る。

2

最初に黄土色の絵の具を水で溶く。

3

ナンの全体に水で溶いた黄土色の絵の具を薄く塗る。

4

3よりも濃い黄土色を塗り、グラデーションをつける。その後、茶色、こげ茶色を足し、少しずつ焼き色をつけていく。

レジンを塗って仕上げる

5

黒を少しだけ混ぜて数か所に焦げた感じを出す。

1

水性アクリル樹脂塗料のクリアーイエローとレジンをペーパーパレットに出す。

2

爪楊枝で混ぜる。これがナンの表面に塗る油になる。

3

筆を使ってナンの中央部分に2を塗る。

4

塗り終わったところ。

5

ナンをUV-LEDライトに当てる。レジンが固まったら完成。

カレーを作る

Size

お皿　直径 7mm×高さ 3mm

チキンカレー

キーマカレー

粘土を着色する

1 白、黄土色、赤、こげ茶色の絵の具を用意する。この色でチキンとひき肉の色を表現する。

2 粘土に爪楊枝で4色の絵の具をつける。

3 絵の具が粘土にムラなく行き渡るようにこねる。

4 着色した粘土を半分にする。半分にした一方は乾燥しないようラップフィルムにくるんでおく。

5 もう一方はこげ茶色と黄土色の絵の具をつける。

チキンを作る

6 5をこねて濃い色の粘土ができた。これがキーマカレーのひき肉になる。

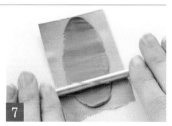

7 6の濃い色の粘土をクラフトテープのつるつるした面にのせ、伸ばし棒で薄く伸ばし、そのまま乾燥させる。

1 小皿を横に置いて大きさを見ながら、4でラップフィルムにくるんでおいた粘土をピンセットでちぎって成形し、乾燥させる。

小皿にレジンを入れる

1 小皿2つにレジンを半分ほど入れる。このとき、板に両面テープを貼り、小皿の半分くらいを貼ると固定されて作業しやすい。

2 レジンを入れた小皿をUV-LEDライトに当てて硬化させる。

チキンカレーを作る

1 水性アクリル樹脂塗料のクリアーイエロー、レッドブラウン、薄茶色、クリアーオレンジと、レジンを用意する。

2 爪楊枝で塗料とレジンを混ぜ、チキンカレーの色を作る。

3 レジンを入れておいた小皿に2を入れる。

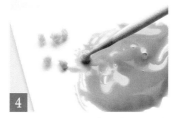

4 ちぎっておいたチキン（P50「チキンを作る」の1）をカレー色の塗料にからめる。

5 3の小皿に4のチキンをバランスを見ながら入れていく。

6 5の上に白い絵の具をたらし、生クリームを表現する。

7 6をUV-LEDライトに当て、硬化させる。

ひき肉を作る

1 薄く伸ばして乾燥させておいた濃い色の粘土（P50の7）を折りたたんで、おろし金ですりおろす。

2 これがひき肉になる。

こしょうを作る

1 黒檀を金やすりで削ってこしょうを作る。

キーマカレーを作る

1 水性アクリル樹脂塗料のクリアーイエロー、クリアーオレンジ、薄茶色、レッドブラウンと、レジンを用意する。

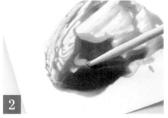

2 爪楊枝で塗料とレジンを混ぜ、キーマカレーの色を作る。チキンカレー（P51）よりも濃い色を意識して作る。

3 2にすりおろした粘土（P51「ひき肉を作る」の2）をからめていく。

4 3に黒檀を削って作ったこしょう（P51「こしょうを作る」）を混ぜる。

5 レジンを入れておいた小皿（P51「小皿にレジンを入れる」の2）に4を入れる。

6 5をUV-LEDライトに当て、硬化させる。

サラダを作る

> **Size**

お皿　直径7mm×高さ3mm

粘土を着色する

1 緑と黄土色の絵の具を用意する。

2 粘土に爪楊枝で絵の具をつける。

きゅうりを作る

3 粘土をこねて着色する。これがきゅうりとキャベツになる。使わない粘土は乾燥しないようラップフィルムにくるんでおく。

1 てのひらを使って粘土を細長く伸ばす。2mm強くらいの太さにし、乾燥させる。これがきゅうり本体になる。

2 緑と黒の絵の具を用意する。

3

絵の具を混ぜてきゅうりの皮の色を作る。

4

きゅうり本体の粘土が乾いたら、表面に皮の色を塗る。

5

皮の色を塗ったところ。

6

ペーパーパレットにスプレータイプの光沢の仕上げ用コート剤を出す。

7

きゅうりの表面に筆で6のコート剤を塗る。

8

コート剤が乾いたら、きゅうりをカッターで斜めにスライスしていく。

キャベツを作る

1

きゅうりと同じ色の粘土（P52「サラダを作る」の3）をクラフトテープのつるつるした面で薄く伸ばし、その上から爪楊枝の頭で押して凹凸をつける。

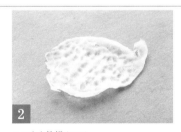

2

このまま乾燥させる。

3

粘土が乾燥したらカッターで大まかに切る。

4

大まかに切った3を何枚か重ね、細く切ってキャベツの千切りにする。

紫キャベツを作る

1

白の絵の具を用意する。

2

粘土を白く着色し、クラフトテープのつるつるした面で伸ばし、爪楊枝の頭で押して凹凸をつける。

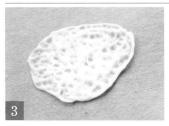

3

このまま乾燥させる。

4

青、黒、赤の絵の具を用意する。

5

絵の具を混ぜて紫色を作る。

6

乾燥させた粘土を紫色に着色する。薄く塗るのがポイント。

7

ムラが出るように全体を塗る。表も裏も塗る。

8

絵の具が乾いたら仕上げ用コート剤で表と裏に光沢をつける（P53の6参照）。

にんじんを作る

9

光沢をつけたところ。

10

コート剤が乾いたら、粘土をカッターで大まかに切り、重ねて千切りにする。

1

黄土色、赤、黄色の絵の具を用意する。

2

粘土に爪楊枝で絵の具をつける。

3

粘土をこねてにんじんの色を作る。

4

クラフトテープのつるつるした面で粘土を薄く伸ばし、そのまま乾燥させる。

盛りつける

5 粘土が乾いたらカッターで大まかに切る。

6 5を千切りにする。

1 紫キャベツ、にんじん、キャベツ、きゅうりができた。

2 爪楊枝に両面テープを貼り、きゅうりを貼る。きゅうりの断面に仕上げ用コート剤を塗り光沢をつける（P53の6参照）。

3 紫キャベツ、にんじん、キャベツは小皿に入れやすいよう、大きさに合わせて少しカットする。

4 指でもんでなじませる。

5 ペーパーパレットに仕上げ用コート剤を出し、その上に野菜を置いてあえる。

6 小皿の底に木工用接着剤をつける。

7 きゅうり以外の野菜をピンセットでまとめ、小皿に盛る。

8 最後にきゅうりを盛りつけて完成。

9 大皿にナンと2種類のカレー、サラダをのせる。作品を扱うときはプラスチックタイプのピンセットを使うと傷がつきにくい。

デリバリー風ピザ

外出自粛期間中に利用する機会が増えたデリバリー。ピザも注文することがありましたのでミニチュアで作ってみました。じゃがマヨチーズ多めはオススメです！

原寸大はこれ！

ピザを作る

Size

直径 23mm

ピザ生地を作る

1
白、茶色、黄土色、こげ茶色の絵の具で粘土を着色する（P47のナンのベースと同じ色）。両面テープを貼った板の上に粘土を置く。

2
粘土を指で押しながら丸く形を整える。作る前に絵に描き、大きさの基準を決めておくとよい。

3
ある程度形が整ったら、細長く伸ばした粘土を周りにのせていく。粘土がつきにくかったら少量の水をつける。

4
粘土をつけたところがなじむように爪楊枝の先で整える。

5
爪楊枝の先で粘土をなじませながらピザの形に整えていく。

6

爪楊枝の先の跡が残っているので水をつけた筆でなじませ、跡を消す。

7

同じ色の粘土を水で溶いてゆるくし、気泡に見えるように爪楊枝の先でピザの周りにつける。

8

ピザのベースができた。

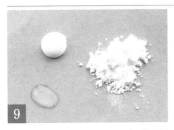

9

クラフトテープのつるつるした面に木工用接着剤と石膏と水を出す。

10

9を筆で混ぜ合わせ、ピザのふち周りに塗る。

11

中央は具材がのるので塗らなくてよい。

焼き色をつける

1

黄土色、茶色、こげ茶色の絵の具を用意する。

2

黄土色と茶色を混ぜ、焼き色を作ってピザに塗っていく。

3

全体に焼き色をつけたところ。

4

こげ茶色を少し足して2の焼き色よりも濃い色を作り、「ピザ生地を作る」の7でつけた気泡の部分を塗る。

5

さらにこげ茶色を足してこげた色を作り、気泡の部分に塗る。

6

ピザのベースの色ができた。

ピザソースを作る

1 黄色、黄土色、赤、こげ茶色の絵の具と木工用接着剤を用意する。

2 爪楊枝で混ぜ、ピザソースの色を作る。木工用接着剤が乾くと透明になることを考えて色を決める。

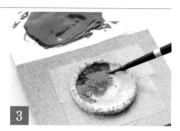

3 ピザの中央にピザソースの絵の具を塗る。

4 ふち周り以外にピザソースを塗ったところ。

じゃがいもを作る　粘土を着色する

1 黄土色、白、黄色の絵の具を用意する。

2 粘土に爪楊枝で少量の絵の具をつける。

3 粘土をこねて着色する。これがじゃがいもになる。

4 てのひらの上で粘土を細長く伸ばす。直径3mmくらいの太さになるまで伸ばし、乾燥させる。

5 粘土が乾いたら、カッターの刃を当てて横に滑らせ、周囲を削る。

ソーセージを作る　粘土を着色する

6 カッターで厚さ0.5mmにスライスする。

1 赤、黄土色、こげ茶色、白の絵の具を用意する。

2 粘土に爪楊枝で絵の具をつける。

3 粘土をこねて着色する。これがソーセージになる。

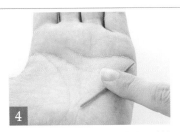

4 てのひらの上で粘土を細長く伸ばす。直径2mmくらいの太さになるまで伸ばし、乾燥させる。

5 赤、黄土色、こげ茶色の絵の具と木工用接着剤を用意する。

6 爪楊枝で混ぜる。

7 乾燥させたソーセージの表面に6を塗る。

8 乾いたらカッターで厚さ0.5mmにスライスする。

コーンを作る　粘土を着色する

1 黄色、白、黄土色の絵の具を用意する。

2 粘土に爪楊枝で絵の具をつける。

3 粘土をこねて着色する。これがコーンのベースの色になる。

コーンの原型を作る

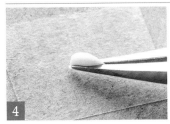

4 板に両面テープを貼り、その上に少量の粘土を置く。残りの粘土は乾燥しないようラップフィルムにくるんでおく。

5 爪楊枝でしずくの形に整えていく。

6 カッターで左右をカットし、細い扇のような形に整える。

7 最大幅1.5mm×長さ3.8mmくらいの大きさに整え、このまま乾燥させる。これがコーンの原型になる。

8 型取り用シリコンゴムで型を作る。白と青の素材を1:1の割合で取る。※説明書をよく読み、作業するときはビニール手袋を着用してください。

9 マーブル状で終わらせないよう、きちんと混ぜる。

10 ムラなく混ざったところ。

11 乾燥して硬くなったコーンの原型にシリコンゴムを押しつける。

12 原型とシリコンゴムの間に隙間ができないよう、斜めからもしっかり押す。速乾タイプの場合は素早く作業する。

13 速乾タイプの型取り用シリコンゴムは15分で硬化する。表面を爪楊枝などでつついてみて、へこまなければ型を取りはずす。

14 シリコンゴムをはずしたところ。左が原型、右が型になる。

15 コーンの色に着色した粘土(P59「コーンを作る」の3)を型に詰める。

16 詰めたとき粘土の表面が平らになるようにする。

17 粘土が乾いたらまち針の先で型からはずす。はずすとき、粘土を傷つけないよう注意する。

18 型の上にのっているのが型からはずした粘土の複製。コーンはトッピングでたくさん使うので、たくさん型取りしておく。

19 爪楊枝に両面テープを貼る。長く使うときは両面テープの長さを利用して縦に貼る。

20 両面テープの剝離紙をはがす。

21 両面テープを貼った爪楊枝に型取りしたコーンを貼っていく。

コーンに着色する

22 黄色、黄土色、茶色の絵の具と木工用接着剤を用意する。

23 爪楊枝で絵の具と接着剤を混ぜ、コーンの色を作る。

24 筆でコーンの色を塗っていく。

マヨネーズを作る

25 塗り終わったところ。このまま乾燥させる。

26 絵の具が乾いたら爪楊枝からはずし、カッターで先端を切る。写真の、カッターの右側がコーンの粒になる。

1 白、黄土色、黄色の絵の具を用意する。

粘土を着色する

2 粘土に爪楊枝で絵の具をつける。

3 粘土をこねてマヨネーズの色にする。すぐに使用しない粘土は乾燥しないようラップフィルムにくるんでおく。

4 クラフトテープのつるつるした面に粘土を置き、伸ばし棒でごく薄く伸ばす。そのまま乾燥させる。

5

粘土が乾いたらカッターで大まかにカットする。

6

定規を使ってカットする。このとき、伸ばした粘土の厚みと同じ幅になるようにカットする（断面を見たとき正方形になる）。

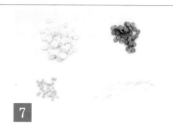

7

トッピングの具材の、じゃがいも、ソーセージ、コーン、マヨネーズがそろったところ。

具材を盛りつける

1

マヨネーズ色の粘土（P61の3）に少量の水を足し、爪楊枝で混ぜる。

2

溶けたチーズをイメージしながら、さらに水を足し、柔らかくする。

3

2を爪楊枝でピザの上にのせる。これが接着剤代わりになる。

4

3の上にじゃがいもをのせる。

5

少しずつ2をつけて乾かないうちに具材をのせていく。

6

じゃがいも、ソーセージ、コーンを、バランスを見ながら全体に盛りつけていく。

焼き色をつける

7

ピザ全体に具材が盛りつけられたところ。

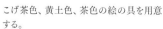

1

こげ茶色、黄土色、茶色の絵の具を用意する。

2

絵の具の色を混ぜ、最初は淡い色で焼き色をつける。じゃがいもやソーセージのふちに焼き色をつけていく。

マヨネーズをのせる

1 マヨネーズ色の粘土（P61の3）を水で溶いたもの、木工用接着剤、水を用意する。

2 爪楊枝で混ぜる。

3 こげ茶色を足して焼き色を濃くし、具材の上に塗り重ねる。

3 細く切った粘土（P62「マヨネーズを作る」の6）1本をピンセットでつまみ、2につけて柔らかくする。

4 柔らかくした3をピザの上にのせていく。

5 一方向に最後までのせたら90度向きを変え、格子状になるように柔らかくした粘土をのせていく。

6 マヨネーズをのせ終わったところ。

7 こげ茶色、黄土色、茶色の絵の具で焼き色を作り（P62「焼き色をつける」の1と同じ）、マヨネーズの表面に焼き色をつける。

パセリを作る

1 MDF板をやすりで削る。

2 ペーパーパレットに合成樹脂塗料（スプレータイプ）のオリーブ色を出す。

3 塗料の横にMDF板を削った粉を置き、爪楊枝であえながら粉に色をつける。

4 粉をオリーブ色に染め、乾燥させる。

パセリをかけ、仕上げる

1 パセリの粉を指先でこすって細かくする。

2 ペーパーパレットに仕上げ用コート剤を出し、パセリを横に置く。

3 コート剤を筆につけ、ピザの一部につける。

4 同じ筆にパセリをつけ、ピザにのせる。3、4を繰り返し、全体にパセリを散らす。

5 ピザの完成。

6 定規を使ってピザを板からはがす。

切り分ける

1 ピザを何等分にしたいか決め、ガイドを描き、センターに小さく両面テープを貼る。
※ P65のガイド線も利用してください。

2 ガイドの上にピザを置き、カッターの替え刃を使ってピザをカットする。

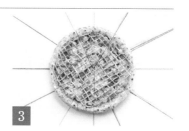

3 ピザを12等分したところ。

切り口を整える

1 断面に少量の水をつけ、粘土を少しゆるませる。

2 歯ブラシでたたいて断面に表情をつけ、乾かす。

3 切り分けて断面を見せる場合はそれぞれのピースの断面を2と同じように整える。

箱を作る

Size

縦 23.5mm×横 23.5mm×高さ 4mm

1 右下の箱の型紙をカラーコピーし、線通りに切って組み立てる。少し厚い紙を使うとよい。

2 組み立てたところ。

3 箱とピザの大きさを確認。

4 箱にピザを入れてデリバリー風ピザの完成。

ピザの箱の型紙（原寸）

型紙はカラーコピーしてお使いください。

資料を集め観察し、スケッチすることも大切です

資料集めと観察にタブレットを使うことが多くなりました。タブレットだと画面上で拡大ができるので詳細を確認しながら作業できるからです。作りたいものをしっかり観察し、制作前にはミニチュアの原寸大でスケッチすることも大切です。

カットのガイド線

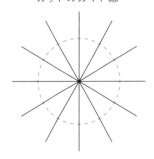

ミニチュアを作るときに大切なのは観察力です

作りたいと思うものが決まったら、本物を観察しましょう。写真などの資料はもちろんですが、
実物を見る機会があればそれが一番です。正面からだけでなく、いろいろな角度から見て観察してください。

本物を見るために足を運びます

重量感、脂身の厚み、肉の色な
どを観察しています。

生ハムの原木を作る際、イタリア料理店にディスプレイされている
生ハムを見学しました。お店に許可をもらっていろいろな角度か
ら撮影させてもらいました。

教室で

こんな偶然も

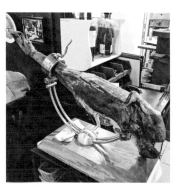

ミニチュア制作の教室でパスタの作
り方を指導する際、見本として配っ
たパスタの実物。パスタのフォルム、
色味、透け感を理解するため、実
物の観察は必須。

本書の打ち合わせでスタッフと集まったお
店で、偶然生ハムの原木に出合いました。
ちょうど原木のミニチュアを作ったところ
だったので、出合いに驚いてしまいました。
2年前の話です。

写真提供/Nunu's House

Chapter 5

人気のメニュー

Popular dishes

日頃から目にすることの多い人気のメニューを作りました。
牛肉の霜降り具合やラーメンに浮いた脂の様子などに加え、
蓋についた蒸気、料理に合わせてデザインしたお皿など
周りの情景にもたくさんのこだわりを詰めました。

お寿司
Sushi

日本食といえば寿司！ 色や形もネタによってさまざまです。作ることで毎回発見のある題材です。お寿司は型を作らず、ひとつずつ手で作っています。

築地で食べるような本格的なお寿司を意識して作りました。いくらの粒の色分けやいかの切り込みなど、こだわりが詰まっています。

えび

フォルム、色、質感などの表現がすべてのネタの中で一番難しいと思っています。

いか

シンプルですが全体の色のバランスを整えるには必要なネタだと思います。

炙りサーモン

老若男女から愛されているネタなので入れてみました。

赤身

マグロの中でベースとなる色なので、色の濃さに気をつけました。

中トロ

赤身より少し霜降り感を出しました。

大トロ

脂ののった感じを表現できればと思いながら作りました。

穴子

お皿全体でのインパクトを出したかったので穴子は大きめにしました。

うに

好きなネタなので絶対に作ろうと決めていました。

いくら

粒の均一感と色分けが見どころです！

原寸大はこれ！

|||||||5　10　15　20　25|

Size

中トロ　長さ 11mm
お皿　幅 35mm×奥行き 19mm

鉄火巻き

細巻きからカットした状態であることを意識して作りました。

焼肉のメニュー
Beef parts

みんな大好き、焼肉セットです。焼かれた肉はこれまでにいろいろ作りましたが、今回は焼く前の牛肉を表現してみました。部位ごとのサシの入り方を観察し、工夫しています。次回は年齢的に赤身メインで作ろうかと思います。

焼肉といえばこれ、というメニューを並べてみました。タンやレバー、ミノも必須ですね。

原寸大はこれ！

■ Size

キムチとタンのお皿　幅 19mm×奥行き 13mm
レバーとミノのお皿　直径 10mm×高さ 3mm
焼肉セットのお皿　幅 30mm×奥行き 22mm

キムチ盛り合わせはSNSでも大人気の一品でした。投票してもらったとこ
ろ、なかでも一番人気は白菜キムチでした。

うどんとお供
Udon and side dishes

関西人でありながら関東風のうどんを作りました。SNSで
「うどんのお供といえば?」というアンケートを取った結果、
天ぷらがダントツでした。ここではいなり寿司と天ぷらの
両方を添えて満腹セットにしています。

原寸大 はこれ!

5　10　15　20　25

Size

天ぷらのお皿　幅 20mm×奥行き 12mm
いなり寿司のお皿　幅 15mm×奥行き 10mm
うどんの器　直径 19mm×高さ 6mm

つるっと食べられるような麺のなめらかさを表現しました。
かまぼこの断面には包丁で切った跡を表現しています。

左／写真では見えませんが、いなり寿
司は中にお米を詰めています。上／人
気の天ぷらはえび、きす、かぼちゃ、
ししとう、なすを用意しました。

豚肉とキャベツの
ピリ辛みそ炒めとけんちん汁
Japanese-style set meal

料理本を眺めていると、もう少し健康的な食生
活をしないとなぁと思います。そこで、まずは
バランスのよいセットをミニチュアで作ってみま
した。お皿やお椀などもこだわって作りました。

上／副菜は大豆としらすの酢あえ。右／
けんちん汁に入れた具材のこんにゃくは、
手でちぎった様子を表現しました。

原寸大はこれ！

5 10 15 20 25

▐ Size

お椀　直径 10mm×高さ 5mm

小鉢　直径 8mm

大皿　直径 18mm

豚肉とキャベツとしめじを油で炒めた主菜はごはんが進みそうです。ミニ
チュアで作ったので、今度は本物を作って食べようと思います。

おでん
Oden

おでん種が整然と並んでいる光景は、日常ではなかなか見ることができません。その光景を見たくてミニチュアにしました。地域により種の種類が違うので、見る人によっては「これがない！」ということがあるかもしれませんね。

18種類のおでん種は、よく目にするものを選んで作りました。右上の牛すじは関西では定番の種。だしの色も薄めなので関西風ですね。

蓋についた
蒸気と水滴に
注目してください!

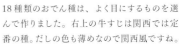

原寸大 はこれ!

5　10　15　20　25

■Size

おでん鍋
幅40mm（持ち手含む）×奥行き22mm×
高さ5mm

たこ焼き
Takoyaki

住んでいる土地柄、親しみのあるたこ焼き。今回は焼いている途中の光景を切り取り、作品にしました。関西の方は皆さん家にたこ焼き器があるんですか？ とよく聞かれますが、私の家にたこ焼き器はありません！

原寸大はこれ！

Size

青ねぎの小皿　直径 10mm
たこの小皿　幅 10mm×奥行き 10mm
たこ焼き1個　直径 4mm
船皿　幅 22mm×奥行き 11mm
ピック　長さ 12mm

たこ焼きに入れるのは、たこ、青ねぎ、紅しょうが、揚げ玉。ひっくり返して形が整っていく光景がとても好きです。

梅干し
Pickled plums

教室の生徒さんが展示会に出展したときに応援も兼ねて
作った作品。出展名が「ぷち・ぷらむ」だったので、梅干
しを作って出品しました。直前までフェミニン雑貨を作って
いたので、梅干しの制作はとても新鮮でした。

お取り寄せで手に入
れる高級梅干しという
設定。通信販売で紹
介される写真をイメー
ジして作りました。壺
の蓋は閉まります。

原寸大はこれ！

| | | | | | |
|5|10|15|20|25|

■ Size

梅干しの壺　直径 12mm×高さ 14mm
梅干し1個　直径 3mm

とんこつ＆醤油ラーメン
Tonkotsu ramen and shoyu ramen

とんこつラーメンと醤油ラーメン、どちらも食べたくて、両
方作りました。醤油スープに脂が浮いている表現、メンマ
の質感、ねぎの透き通った様子など、作り込み要素が多く、
とても楽しく作れました。餃子は5個なので、最後にけん
かにならないようにしてほしいです。

原寸大はこれ！

Size

ラーメン鉢　直径 18mm×高さ 9mm

3Dプリンターとミニチュア

　ミニチュアを作り始めて20年以上が過ぎました。時代とともにミニチュアを作る環境も進化し、その進化を体感しながら制作を続けてきました。手描きからインクジェットプリンターへ。手彫りからハンドルーターへ。型取り材を使い、複製することで量産が可能に。また、レジンの登場で透明なものの表現が手軽にできるようになりました。そして今、3Dプリンターの普及と性能の向上により、もの作りのデジタル化が進んでいます。

　ただ、この格段に進化した環境を素直に受け入れられるか、というと、必ずしもそうではありません。作ることの楽しさや達成感はそれぞれの中にあり、手段を選ばず「完成すればいい」というものではないと考えるからです。

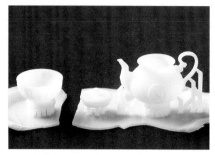

3Dプリンターから出力したばかりのカフェオレボウルとティーポット。

持ち手や注ぎ口を支えるパーツ（サポート材）を取り除き、表面を紙やすりでなめらかにします。

塗装して完成。磨きと塗装はこれまでに培った技術がすぐにごす。

ティーポットやカップなどがきれいに仕上がると、スイーツや料理などがよりリアルに見えるものです。

　そんな葛藤の末、今回、3Dプリンターを導入。試作としてデザインし出力した作品の一部を本書に掲載しました。鍋とパスタ皿、ティーセット、腕時計などです。3Dプリンターを扱ってみた感想ですが……。素直に「すごい!」と感じました。もちろん、ソフトを扱ったり、表面処理や塗装の技術も必要ですが、間違いなく制作や表現の幅が広がると感じました。

一方で、工業製品以外の、食べ物の表現を3Dプリンターを使って1/12サイズで再現するには、まだ自分の技量が足りないと思う部分も多々ありました。

結果、「道具は扱う者によりその輝きが変わる」ことを感じ、食べ物や情景のリアリティの表現をより引き立てるアイテムを生み出すツールとして3Dプリンターをうまく使っていけたらよいのではないかと思うに至りました。

3Dプリンターに対する疑問や迷いもありましたが、どんなツールを使うにしても、今後も変わらず、見てくださる方に共感していただけるような作品作りを目指していきたいと思います。

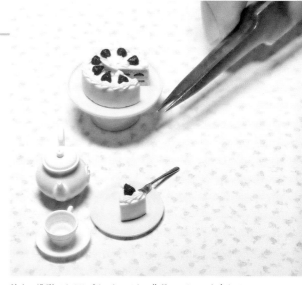

粘土の造形でも3Dプリンターでも、作品のスケールを合わせておけば、いろいろなアイテムを組み合わせることができます。

データを作って3Dプリンターで出力したカトラリー。

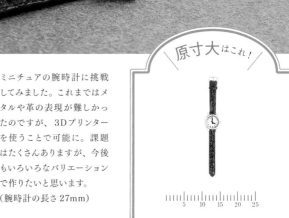

ミニチュアの腕時計に挑戦してみました。これまではメタルや革の表現が難しかったのですが、3Dプリンターを使うことで可能に。課題はたくさんありますが、今後もいろいろなバリエーションで作りたいと思います。
（腕時計の長さ 27mm）

原寸大 はこれ！

5 10 15 20 25

Column 5

アイスクリームショップが
できるまで

構想を練ること2年、制作期間約1年で完成し
たアイスクリームショップ（P26〜29）の制作の
裏側をお見せしたいと思います。

照明を多用していろいろなところにスポットライトを当てられるよ
うな作りにしました。

ハウスに使用する木材選び。木
が反っていないか入念にチェッ
ク。

最初の重要なポイント、ハウス
のフレームを制作。

ハウスを正面から見たと
きに最も美しく見える側
面の広がりをイメージし、
角度を決めます。

プラ板を組み合わせてコーン
のスタンドを作っています。

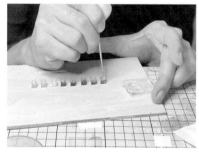

瓶に着色したレジンを流し込みます。瓶のふちに
つかないようそっと入れていきます。

アクリル棒を削って瓶の原型を作ってい
るところです。

ネオン看板を制作。プラ板をカッター
ナイフでくり抜きました。

元々の設計にはなかったネオン看板を
設置するため、大工事が行われました。

撮影コーナーにNUNU'S HOUSEの文字を貼っ
ていきます。貼り直せないので慎重に作業してい
きます。

隙間にコーキング施工をしています。仕事での経験があるのでその技術を活かしています。

ハウス内の配線が終わったところ。配線が見えないよう、かわいく目隠しします。

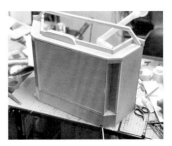

ハウスの裏側が完成しました。裏側には配線を収納するスペースを設けています。

設計を変更して作ったネオン看板。

照明を強調すると、昼間とは違う雰囲気の店内になります。

ハウスに照明を設置することで、店内に奥行きが生まれます。注目してもらいたいところにスポットライトを当てています。

制作風景 写真提供 /Nunu's House

ミニチュアの
サイズを
楽しんでください

パスタセット P13

ソーセージ盛り合わせ P20

たこ焼き P78

おわりに

最後までお読みいただき、ありがとうございました。

クローズアップした作品たちを、楽しんでいただけたでしょうか。

自分の作品を見ていただく機会があるというのは、とても幸せなことだと思います。

表現する手段に正解はなく、

表現の方法は、継承と進化の繰り返しであると思っています。

ミニチュアの世界も、時代とともに変わっていきます。

私はこれからも、1/12 サイズの作品を、

どこまで自分のイメージに近づけられるかを考えてチャレンジしていきたい。

最後に、出版するにあたりお世話になった皆様に感謝しつつ

ミニチュアを好きでいてくださる皆様に、

驚きをもって楽しんでいただけるような作品を作り続けていきたいと思います。

田中智

Staff
撮影　　　　　横田公人
スタイリング　田中智
撮影協力　　　津田裕里
ブックデザイン　塚田佳奈（ME&MIRACO）
企画・編集製作　庄司靖子

Handmade Series

田中智のミニチュアセレクション

2021年10月26日　第1刷発行

著者　　　　　田中智
発行人　　　　中村公則
編集人　　　　滝口勝弘
編集担当　　　中村絵理子

発行所　　　　株式会社　学研プラス
　　　　　　　〒141-8415　東京都品川区西五反田2-11-8
印刷所　　　　大日本印刷株式会社

●この本に関する各種お問い合わせ先
本の内容については、下記サイトのお問い合わせフォームよりお願いします。
https://gakken-plus.co.jp/contact/
在庫については　Tel 03-6431-1250（販売部）
不良品（落丁、乱丁）については　Tel 0570-000577
学研業務センター　〒354-0045 埼玉県入間郡三芳町上富279-1
上記以外のお問い合わせ　Tel 0570-056-710(学研グループ総合案内)

©Tomo Tanaka2021 Printed in Japan

学研の書籍・雑誌についての新刊情報・詳細情報は、下記をご覧ください。
学研出版サイト　https://hon.gakken.jp/